AF586904

SCÈNE XXI.

LE SECRET DE MON ONCLE,

VAUDEVILLE EN UN ACTE,

Par M. Varin,

Représenté pour la première fois, à Paris, sur le théâtre national du Vaudeville, le 10 Janvier 1837.

PERSONNAGES,	ACTEURS,	PERSONNAGES,	ACTEURS.
DESJOBERT, ancien industriel	M. LEPEINTRE AINÉ.	DIANA, sa fille	Mlle BALTHAZARD.
ERNEST DUPARC, son neveu	M. HYPPOLITE.	ESTELLE, nièce de Mme de Brétonville	Mlle L. MAYER.
BARDOLIN, médecin	M. LEPEINTRE JEUNE.	JULIEN, domestique de Desjobert	M. BALLARD.
Mme DE BRETONVILLE, belle-mère de Desjobert	Mme GUILLEMIN.		

La scène se passe dans le château de Desjobert.

Le théâtre représente un salon de campagne élégamment meublé. Porte au fond, donnant sur un jardin. Deux portes latérales. A gauche, une cheminée. Divers meubles, entre autres un bonheur du jour ou meuble à ouvrage de femme. A gauche, une table et ce qu'il faut pour écrire, fauteuils, etc. A droite, un canapé, au-dessus est un cordon de sonnette.

SCENE PREMIERE.

BARDOLIN, JULIEN, *puis* Mme DE BRETONVILLE.

JULIEN. Donnez-vous la peine d'entrer, monsieur le docteur... je vais prévenir M. Desjobert.

BARDOLIN. Est-ce qu'il n'est pas encore levé?

JULIEN. Je vous demande pardon; il y a déjà plus de deux heures qu'il est au milieu de ses ouvriers.

BARDOLIN. Il est inutile de le déranger; j'aperçois sa belle-mère, c'est à elle que je m'adresserai.

Mme DE BRÉTONVILLE, *entrant à gauche.* Eh! c'est le docteur Bardolin!

(Julien sort.)

BARDOLIN. Mes très-humbles hommages à madame de Brétonville.

Mme DE BRÉTONVILLE. Vous devenez rare, docteur... je ne vous avais pas vu depuis un siècle.

BARDOLIN. Ne vous en plaignez pas... quand les médecins arrivent, c'est que la santé s'en va... et pendant l'absence de Mme Desjobert, je viens seulement quelquefois m'informer si elle est de retour des eaux.

Mme DE BRÉTONVILLE. Pas encore ; nous partons demain, son mari et moi, pour aller la chercher.

BARDOLIN. Ce bon M. Desjobert brûle sans doute de revoir sa jeune épouse.

Mme DE BRÉTONVILLE. C'est une justice à lui rendre... il adore sa femme, il en est fou.

BARDOLIN. Je m'applaudis tous les jours d'avoir fait ce mariage.

Mme DE BRÉTONVILLE. Il est vrai, docteur, que vous avez la main heureuse... et l'on dit que vous mariez plus de gens que vous n'en guérissez.

BARDOLIN. J'en conviens, j'agis dans l'intérêt de la morale et de la population.

AIR : *Vaudeville du Charlatanisme.*

Oui, je voudrais chaque matin,
Marier quelques jeunes filles...
Qu'il est doux pour un médecin
De voir s'augmenter les familles !..
Lorsque dans la main d'un amant,
Je mets celle qu'il sollicite...
Je me dis, en les unissant,
Je fais des heureux maintenant,
Et des malades pour la suite.

Voilà pourquoi j'ai engagé M. Desjobert à prendre une femme... lui qui ne s'en souciait pas.

Mme DE BRÉTONVILLE. Il vous en doit cependant beaucoup de reconnaissance.

BARDOLIN. Il me semble que, de votre côté, vous n'avez pas à vous plaindre, quoique M. Desjobert soit resté long-temps garçon... il est millionnaire, ou peu s'en faut, et malgré son amour pour votre fille, il a résisté long-temps... il donnait pour motif qu'il ne voulait pas priver de sa succession un certain neveu, son unique parent.

Mme DE BRÉTONVILLE. Je le sais... un neveu qu'il aime beaucoup... et fort heureusement ce n'est qu'un neveu, car avec ces vieux garçons...

BARDOLIN. Soyez donc tranquille ; à la vérité, M. Desjobert est d'un caractère faible...

Mme DE BRÉTONVILLE. Oui, c'est un bon homme.

BARDOLIN. En tout cas, rien ne doit vous faire soupçonner...

Mme DE BRÉTONVILLE. Non, sans doute ; mais voilà bientôt dix-huit mois qu'ils sont mariés ; et cependant, vous devinez mes craintes... si mon gendre venait à mourir sans enfans.

BARDOLIN. Il en aura... à soixante ans.. on en a toujours.

Mme DE BRÉTONVILLE. Je le souhaite; mais sa femme est aux eaux depuis deux mois, et cette absence me déplaît. Je n'étais pas là lorsqu'elle est partie, un procès me retenait à Bordeaux, d'où je ne suis arrivée que depuis quelques jours ; sans cela, je me serais opposée à ce voyage, ou du moins, j'aurais accompagné ma fille.

BARDOLIN. Que pouvez-vous craindre? Mme Desjobert n'est pas seule... d'abord, elle a emmené sa cousine Estelle.

Mme DE B ÉTONVILLE. Est-elle est à peu près du même âge que Diana... cela ne remplit pas le but.

BARDOLIN. Elles sont toutes deux sous la surveillance de Mme Vermont et de son mari, le notaire, qui est allé les conduire ; des gens fort estimables... c'est encore moi qui ai fait ce mariage-là.

Mme DE BRÉTONVILLE. Mais à quoi bon quitter sa maison, son ménage?.. elle était donc indisposée ?

BARDOLIN. Eh bien ! oui, puisqu'il faut vous le dire, elle s'ennuyait, elle avait des vapeurs, je ne savais plus que lui ordonner.... et comme les eaux de Bagnères ne sont pas loin.... vingt-cinq lieues tout au plus, c'est moi qui lui ai conseillé d'y passer une saison.

Mme DE BRÉTONVILLE. C'est égal; je suis étonnée que son mari... mais silence, c'est lui que j'entends.

SCENE II.

LES MÊMES, DESJOBERT.

DESJOBERT, *entrant à reculons par la gauche, et parlant à la cantonnade.* Prenez garde, cette console n'est pas d'aplomb, drapez un peu plus ces rideaux... là... c'est bien. (*Venant en scène.*) Bonjour, belle-maman... désolé de vous avoir fait attendre, docteur.

BARDOLIN. La santé est toujours excellente?

DESJOBERT. Oh! pour ce qui est de la santé... pardon... (*Il retourne vers la porte de gauche.*) La toilette à gauche... et la corbeille de fleurs dans l'angle de la fenêtre.

BARDOLIN. Il paraît que vous meublez un nouvel appartement?

DESJOBERT. C'est le boudoir de ma femme, que je fais décorer à neuf, une surprise que je lui ménage... pardon... (*Retournant encore à la porte.*) Le canapé à droite, en face de la psyché, et les vases sur la console... allez doucement, et dépêchez-vous.

Mme DE BRÉTONVILLE. Quand il s'occupe de sa femme, la tête n'y est plus.

DESJOBERT. Je suis à vous, docteur.

BARDOLIN. Je viens d'apprendre que vous vous proposiez d'aller chercher votre aimable dame.

DESJOBERT. Oui, docteur... et il est bien temps... le veuvage me pèse... ma femme est si vive, si gaie, si amusante; je ne sais comment j'ai pu vivre deux grands mois sans la voir.

Mme DE BRÉTONVILLE. Qui vous empêchait de la suivre, de l'accompagner?

DESJOBERT. Je ne demandais pas mieux; c'est elle qui s'y est opposée dans mon intérêt: elle a pensé que les eaux me seraient contraires... elle est si bonne!

BARDOLIN. C'est un ange.

DESJOBERT. Et puis, j'ai profité de son absence pour faire reconstruire l'aile gauche du château... c'est encore elle qui a eu cette idée-là... elle la trouvait trop sombre, trop gothique, et moi qui aime à bâtir...

BARDOLIN. Il n'y a pas de mal... une petite séparation a pour effet de rallumer la tendresse conjugale.

DESJOBERT. La mienne n'avait pas besoin de ça, et quand nous serons réunis, il ne manquera presque rien à mon bonheur; je dis presque, parce qu'au fait il ne sera pas complet... et quand je pense à mon pauvre diable de neveu...

Mme DE BRÉTONVILLE. Toujours votre neveu...

DESJOBERT. Si du moins il savait que je suis marié...

BARDOLIN. Comment! il n'en est pas instruit!

DESJOBERT. Non, pas encore; il habite Paris, nous sommes à cent lieues l'un de l'autre, et j'ai eu soin, comme vous savez, d'arranger mon mariage avec le plus de mystère possible.

Mme DE BRÉTONVILLE. En vérité, mon gendre, votre faiblesse est révoltante; c'est la première fois qu'on voit un oncle avoir peur d'être grondé par son neveu.

DESJOBERT. C'est qu'en effet je crains ses reproches; il a le droit de m'en faire, car je m'en fais à moi-même, et ma position est plus délicate que vous ne pensez. Ernest est l'enfant de ma sœur... une femme excellente, mais qui ne possédait rien. Je crois la voir encore... elle allait mourir... et sa main dans la mienne, elle me recommanda son fils; je lui jurai de l'adopter, de lui servir de père, et enfin de lui laisser toute ma fortune. Vingt fois, j'ai renouvelé mes sermens, soit dans mes lettres à Ernest, soit à lui-même, quand il est venu me voir, et certes, j'avais la ferme intention de ne pas y manquer, il faut que le diable s'en soit mêlé.

Mme DE BRÉTONVILLE. Mon gendre!

DESJOBERT. Non, pardon... ce n'est pas le diable... mais comment voulez-vous que je dise à mon neveu?..

AIR : *Époux imprudent, etc.*

Moi, qui toujours ai tenu ma promesse,
Dont on vantait l'austère probité...
Il faut hélas!.. qu'à toi je le confesse,
Je suis un fourbe, un parjure effronté...
Je t'ai trahi. . je t'ai déshérité!..
Tu crois encor qu'indifférent et sage,
Je suis resté garçon!.. ah! j'en rougis!..
Détrompe-toi... depuis long-temps je suis...
— Jamais je n'aurai ce courage!..

Mme DE BRÉTONVILLE. Il faudra cependant bien finir par là.

DESJOBERT. Oui, plus tard... nous verrons... mais pour l'instant, ça me serait difficile, je ne sais ce qu'il est devenu?

Mme DE BRÉTONVILLE. Votre neveu?

DESJOBERT. Ça me donne même des inquiétudes. Il faut vous dire que j'ai reçu, il y a six semaines, une lettre de lui; il m'écrivait qu'il partait de Paris pour passer quelque temps avec moi; vous concevez ma frayeur, j'en ai eu la fièvre pendant quinze jours... mais il n'est pas venu, et depuis ce moment-là, je n'en ai pas entendu parler.

Mme DE BRÉTONVILLE. C'est une excellente occasion de lui écrire et de lui glisser deux mots sur votre mariage.

DESJOBERT. Vous croyez?.. c'est dans le cas de l'affliger beaucoup.

Mme DE BRÉTONVILLE. Voyez le grand malheur! Vous aimez trop votre neveu, mon gendre, et cette tendresse ne s'accorde plus avec votre nouvelle position... vous ne lui refusez rien... ses dépenses sont exorbitantes...

DESJOBERT. Parbleu! si je ne lui envoyais pas d'argent il viendrait m'en demander lui-même.

Mme DE BRÉTONVILLE. N'importe; il faut en finir avec lui... une lettre à la poste, et vous n'y penserez plus.

BARDOLIN. Je suis de l'avis de madame, votre tranquillité l'exige.

DESJOBERT Vous le voulez tous?

Mme DE BRÉTONVILLE. Si vous tardez encore, je lui écrirai moi-même.

DESJOBERT. Ne vous fâchez pas, belle-maman, je vais m'y mettre.

Mme DE BRÉTONVILLE. Tout de suite.

DESJOBERT. A l'instant...

Mme DE BRÉTONVILLE. A la bonne heure... pendant ce temps-là.... j'irai chez

M. Vermont... il doit venir demain avec nous chercher sa femme. Nous fixerons ensemble l'heure du départ.

BARDOLIN. Si madame veut accepter mon bras?..

Mme DE BRÉTONVILLE. Volontiers... monsieur Desjobert... n'allez pas oublier...

DESJOBERT. Vous savez bien que quand je promets quelque chose...

(Au docteur.)

AIR : *Venez, qu'en mes bras je vous presse.* (de sir Hugues Guilfort.)

Docteur, que partout on réclame,
Je vous attends, dès que ma femme
En ces lieux sera de retour;
Il faut que chacun ait son tour.

Mme DE BRÉTONVILLE.

Quand la santé nous abandonne,
C'est vous seul qui nous soignez tous...

DESJOBERT.

Oui, vous savez qu'ici personne
N'est jamais malade sans vous...

ENSEMBLE.

Docteur, etc.

Mme DE BRÉTONVILLE.

Quoique partout on vous réclame,
Daignez venir dès que sa femme,
En ces lieux sera de retour;
Il faut que chacun ait son tour.

BARDOLIN.

Quoique partout on me réclame,
Je reviendrai dès que madame
En ces lieux sera de retour;
Il faut que chacun ait son tour.

(*Mme de Brétonville et Bardolin sortent par le fond.*)

SCENE III.

DESJOBERT, *seul.*

Voyons... puisqu'il le faut absolument. (*Il se place à la table et se dispose à écrire.*) Maudite lettre!.. si je sais par où commencer... Ernest est fort bon garçon... mais je suis sûr qu'il sera furieux... et puis un oncle... un homme respectable... s'accuser devant son neveu... lui faire l'aveu d'une faute, et, pour ainsi dire... implorer son indulgence... c'est d'une difficulté.... enfin, puisque ma belle-mère l'ordonne... (*Il écrit.*) « Mon cher neveu.... mon bon » et tendre Ernest... »

SCENE IV.

DESJOBERT, JULIEN, *puis* ERNEST.

JULIEN, *au fond.* Monsieur?..

DESJOBERT. On vient me déranger..., tant mieux!.. Qu'est-ce qu'il y a, Julien?

JULIEN. Monsieur, un jeune homme demande à vous voir...

DESJOBERT, *se levant.* Un jeune homme?. le connais-tu?

JULIEN. Non, monsieur... il a refusé de se nommer... il dit qu'il veut vous surprendre agréablement.

DESJOBERT. Ah! mon Dieu!.. je sens une sueur froide...

JULIEN. Faut-il le faire entrer?..

DESJOBERT. Mais.... oui.... certainement... (*Julien sort.*) Oh! j'ai tort de m'alarmer... ce ne peut être... (*Il va regarder au fond.*) Dieu!.. c'est lui!.. c'est Ernest!.. mes jambes ne me soutiennent plus...

ERNEST, *qui est entré et qui a regardé son oncle.* Pardon... monsieur... votre domestique se sera trompé... c'est à M. Desjobert que je désire parler...

DESJOBERT, *lui tendant les bras.* Ernest... mon neveu...

ERNEST. Mon oncle!..

(Ils s'embrassent.)

DESJOBERT. Comment, tu ne me reconnaissais pas?..

ERNEST. Non, ma parole d'honneur.... et si, comme moi, vous ne vous étiez pas vu depuis deux ans, je vous défierais bien de vous reconnaître vous-même... Dieu! que vous êtes changé!

DESJOBERT, *effrayé.* Tu trouves?

ERNEST. Je vous en fais mon compliment.... Il n'y a pas de comparaison.... vous vous tenez droit, vous êtes frais, vous êtes beau.... Décidément vous êtes bien changé.

DESJOBERT. Ah! à la bonne heure!

ERNEST. C'est-à-dire que si ça continue dans quelques années vous serez plus jeune que moi...

DESJOBERT. Il est vrai que je me porte bien... et toi, mon ami?.. comment va la santé, comment vont les plaisirs?..

ERNEST. Très-bien, mon oncle... voilà ce que c'est que de rester garçon.... vous vivez sans chagrins, sans soucis...

DESJOBERT, *à part.* Allons... il ne se doute de rien... ça me rassure... (*Haut.*) Tu dois être bien fatigué de ton voyage?

ERNEST. Non, mon oncle!.. et puis, ce qui m'a dérouté, au premier abord, c'est votre costume... moi, qui vous ai toujours vu mis si simplement...

DESJOBERT. Sais-tu que j'avais des inquiétudes sur ton compte..?

ERNEST. Oh!.. ce bon oncle!... c'est qu'en vérité... vous êtes tout-à-fait petit-maître... il n'y a pas jusqu'à votre coiffure... Dieu me pardonne..! vous l'avez coupée?...

DESJOBERT. Quoi donc?

ERNEST. Autrefois.... vous portiez la queue ?..

DESJOBERT. C'était gênant... elle s'embarrassait toujours dans le collet de mon habit...

ERNEST. Quelle métamorphose !.. c'est égal... je vous aimais mieux comme vous étiez... Vous me faites l'effet d'un oncle dénaturé...

DESJOBERT. Ah ça !... auras-tu bientôt fini de m'analyser de la tête aux pieds ?..

ERNEST. Pourquoi ?.. laissez-moi jouir de ma surprise... Votre château lui-même n'est plus reconnaissable... Il était si triste !.. à présent il y règne un air d'opulence... On dirait qu'une fée bienfaisante a passé par ici...

AIR *du Fleuve de la vie.*

C'est un miracle, une féerie !.
Ne pouvant en croire mes yeux...
Je dois penser que la magie
A pris soin d'embellir ces lieux !..
Au sein de ce château splendide,
Mon pauvre oncle dégénéré
Ressemble à Renaud égaré
Dans le palais d'Armide !..

DESJOBERT, *à part.* Il est insupportable avec ses réflexions !.. (*Haut.*) Que veux-tu, je m'ennuyais de vivre en ermite.... je me suis mis à voir le monde... des voisins... des gens très comme il faut... et tu sens que pour les recevoir j'ai été obligé...

ERNEST. Très-bien, mon oncle... c'est agir sagement... Je vous l'ai dit cent fois... vous ne savez pas user de la fortune... Faites de la dépense... prenez du plaisir... il ne faut pas vous gêner pour moi... et pourvu que vous me laissiez ce qui restera, il m'en reviendra toujours assez...

DESJOBERT, *à part.* Pauvre garçon !.. il m'enfonce le poignard dans le cœur...

ERNEST. Ce n'est pas que je méprise la fortune... ma foi, non, je suis franc... je ne serai pas fâché d'être riche... mais, grâce à vous, je n'ai eu jusqu'ici rien à désirer... surtout depuis un an... dix huit mois, vous me comblez... de billets de banque... c'est au point que pour les employer... j'ai entrepris ce petit voyage....

DESJOBERT, *à part.* Moi qui espérais par là l'empêcher de venir...

ERNEST. Voulez-vous me donner une prise, mon oncle ?..

DESJOBERT. Une prise !.. tu prends du tabac ?

ERNEST. Quelquefois... dans la tabatière des autres.

DESJOBERT. C'est une vilaine habitude... moi, j'y ai renoncé...

ERNEST. Encore un changement... c'est bien singulier !

DESJOBERT. Tu dois avoir besoin de prendre quelque chose.... je vais appeler Julien...

(Il va tirer la sonnette.)

ERNEST. Julien !.. c'est un de vos nouveaux domestiques ?.. j'en ai aperçu plusieurs en entrant... tous jeunes... fringans et en livrée... A propos !.. qu'est donc devenue Gertrude... votre ancienne gouvernante ... qui vous était si attachée ?..

DESJOBERT. Elle était bien vieille !..

ERNEST. A peu près de votre âge...

DESJOBERT. Je l'ai mise à la retraite... Je lui ai fait une pension... mais il ne faut pas le dire.... parce que c'est en cachette...

ERNEST. Comment, en cachette ?.. n'êtes-vous pas le maître ?.. quelqu'un a-t-il le droit ?..

DESJOBERT. Non, certainement... personne n'a le droit de... mais vois-tu !.. il y a de mauvaises langues... et on pourrait s'imaginer... Ce diable de Julien qui ne vient pas...

(Il va sonner plus fort, et fait carillonner plusieurs sonnettes.)

ERNEST. Doucement, mon oncle !.. ne vous impatientez pas... j'ai tant de plaisir à causer avec vous...

JULIEN, *entrant.* Monsieur désire quelque chose ?..

DESJOBERT. Vous êtes toujours une heure quand on vous appelle.... Faites préparer à déjeuner le plus promptement possible...

JULIEN. Tout de suite, monsieur...

(Il sort.)

ERNEST, *à part.* Qu'est-ce qu'il a donc, mon oncle ?..

DESJOBERT. En attendant, mon ami, causons un peu de toi... de tes affaires.... car mon amitié n'est pas comme le reste... elle est toujours la même, et quand tu es arrivé, je t'écrivais encore...

ERNEST. Vraiment ?..

DESJOBERT. Oui... pour te demander de tes nouvelles... je n'étais pas tranquille... tu m'annonces, il y a six semaines, ton départ de Paris...

ERNEST. En effet je suis parti.... mais je me suis arrêté en route... une aventure piquante... je vous conterai ça...

DESJOBERT. Avec une femme ?

ERNEST. Une jeune personne... une demoiselle charmante...

DESJOBERT. Tant mieux, car enfin... tu es libre de te marier...

ERNEST. Je ne suis pas pressé... à mon âge... quand on s'amuse... quand on est heureux...

DESJOBERT. Ah !.. gaillard... il paraît que le mariage... c'est comme le tabac, tu ne veux en prendre que...

ERNEST. Si vous saviez comme elle est jolie !.. elle m'a dit qu'elle retournait à Paris... et moi... je n'ai pas voulu passer si près de vous sans vous embrasser.... pourtant, si j'osais...

DESJOBERT. Explique-toi...

ERNEST. Je vais vous faire de la peine...

DESJOBERT. C'est égal... va toujours...

ERNEST. Eh bien !.. je brûle de la rejoindre... et je vous demanderai la permission de vous quitter bientôt...

DESJOBERT. A ton aise, mon ami, j'aurais préféré te garder long-temps... mais, puisque c'est impossible...

ERNEST. Cependant... si vous l'exigez...

DESJOBERT. Non, ne te gêne pas... veux-tu partir ce soir?

ERNEST. Demain matin... qu'en pensez-vous ?..

DESJOBERT. Ça s'arrange à merveille... J'oubliais de t'en prévenir... je pars aussi demain pour un petit voyage...

ERNEST. Du côté de Paris ?

DESJOBERT. Non, du côté opposé...

JULIEN, *au fond.* Monsieur, le déjeuner est servi...

DESJOBERT. Va, mon garçon... excuse-moi de ne pas te tenir compagnie... je déjeune beaucoup plus tôt...

ERNEST. N'allez-vous pas faire des cérémonies avec moi ?..

DESJOBERT. Julien !..

JULIEN, *s'approchant.* Monsieur...

DESJOBERT. Écoute !.. (*Il lui parle à l'oreille.*) Tu comprends?..

JULIEN. Ça suffit, monsieur... vous pouvez y compter...

DESJOBERT. Ernest !.. Julien va te conduire...

ERNEST. Ce n'est pas de refus... Grâce aux embellissemens... je ne serais pas sûr de retrouver la salle à manger...

AIR : *Apportez vos pinceaux* (le Vendu.)

Oui, vraiment ce château
Me ferait perdre la tête
Et partout je m'apprête
A rencontrer du nouveau.

DESJOBERT.

Ma table saura te plaire,
Autrefois gourmet fini ..
J'aime encore la bonne chère
Mon vin n'est pas rajeuni...

ENSEMBLE.

Oui, vraiment mon château
Est fait pour tourner la tête;
Mais en vain l'on s'apprête
A voir partout du nouveau.

ERNEST.

Oui, vraiment ce château; etc.

(*Ernest sort avec Julien par la droite.*)

SCENE V.

DESJOBERT, *seul.*

Respirons un peu !.. J'ai pensé vingt fois me trahir... Quel bonheur que ma femme soit absente !.... Enfin il part demain, et dans quelques jours je lui écrirai. Pour aujourd'hui, je peux m'en tirer avec des précautions... J'ai déjà recommandé le silence à Julien, qui préviendra les autres domestiques... Il ne s'agit plus que d'avertir ma belle-mère... Elle est bien long-temps à revenir... mais il me semble l'entendre... (*Il va au fond.*) Oui, la voilà... Quelles sont donc ces dames qui l'accompagnent?.. Grand Dieu!.. ma femme !.. c'est Diana et sa cousine... tout est perdu !...

SCENE VI.

DESJOBERT, Mme DE BRÉTONVILLE, DIANA, ESTELLE.

LES TROIS FEMMES.

AIR *nouveau de M. Doche.*

Loin du bruit des villes,
D'un monde brillant..
Dans ces lieux tranquilles,
Nous rentrons } gaîment.
Vous rentrez }
Quelle ivresse extrême
De pouvoir jouir...
Près de ceux qu'on aime,
D'un nouveau plaisir!..

DESJOBERT.

C'est toi, chère amie,
Elle est à mes yeux
Encore embellie ;
C'est miraculeux...
Mais, afin de rendre
Mon bonheur complet,
Qu'un baiser bien tendre...

(*Il l'embrasse sur le front.*)

(*A part.*)
Dieu ! si mon neveu me voyait!..

TOUS QUATRE.

Loin du bruit des villes, etc.

ESTELLE. Eh bien !... et moi, mon cousin... vous ne me dites rien ?

DESJOBERT. Bon jour, ma petite Estelle...

Mme DE BRÉTONVILLE. Au moment où j'entrais chez M. Vermont... ces dames descendaient de voiture...

ESTELLE. Vous ne nous attendiez pas sitôt... vous devez être bien content?

DESJOBERT. Oh ! oui... Je suis d'une joie... mais il était convenu que nous irions vous chercher...

ESTELLE. C'est Diana qui a voulu revenir... elle s'ennuyait... elle tombait dans la mélancolie...

DESJOBERT. En effet... je ne l'avais pas remarqué d'abord... toi qui étais d'une gaîté folle.

Mme DE BRÉTONVILLE. Le chagrin d'être loin de son époux et de sa mère... n'est-ce pas, ma fille?

DIANA. Oui, maman... oui, mon ami... j'avais besoin de vous revoir... d'être auprès de vous... et puis je suis un peu souffrante.

DESJOBERT. Il faut tout de suite envoyer chez le docteur...

ESTELLE. Oh! c'est inutile... nous l'avons rencontré... et nous le verrons bientôt... ça lui fera une visite...

DESJOBERT. A quoi servent les eaux... si on en revient malade?.. vous ne vous êtes donc pas amusées?

ESTELLE. Oh! si fait, beaucoup dans les commencemens... tous les jours des bals, des concerts... des parties de plaisirs...

DESJOBERT. Silence!.. n'avez-vous pas entendu marcher quelqu'un dans la chambre d'à côté?..

Mme DE BRÉTONVILLE. Non..... personne...

DESJOBERT, *se remettant.* Ah!.. vous alliez donc au bal... au concert?

ESTELLE. Oui, mon cousin... c'était charmant: Diana et moi, nous passions pour deux demoiselles à marier...

DESJOBERT. Ah!... Diana aussi!...

ESTELLE. Oui... c'était convenu avec Mme Vermont..... et il fallait voir comme on nous faisait la cour... à Diana surtout, parce qu'elle avait les plus jolies toilettes... nous avons ri bien souvent des jeunes gens qui voulaient l'épouser.

DESJOBERT. Oui... c'était drôle...

ESTELLE. Comme je lui disais: C'est dommage que tu ne puisses pas te marier deux fois.

Mme DE BRÉTONVILLE. Cette conduite est bien légère... et cela me fait regretter davantage...

ESTELLE. Oh! ma tante... je vous assure que nous ne faisions guère attention à ces messieurs... pour mon compte... il n'y en a qu'un ou deux qui m'auraient assez convenu...

DESJOBERT, *vivement.* Écoutez!.. il me semble qu'on vient d'ouvrir une porte...

Mme DE BRÉTONVILLE. Ah ça!.... vous rêvez, mon gendre?..

DESJOBERT. Ne parlez pas si haut, belle maman... vous avez une voix!..

Mme DE BRÉTONVILLE. Qu'y a-t-il donc?.. Il se passe en vous quelque chose d'extraordinaire...

DESJOBERT. Il est vrai que je suis dans un embarras!..

Mme DE BRÉTONVILLE. Et pourquoi, s'il vous plaît?

DESJOBERT. Pourquoi?.. parce qu'il est là, il est arrivé!

DIANA. Qui donc, mon ami?

DESJOBERT. Mon neveu!

Mme DE BRÉTONVILLE Votre neveu est ici?

ESTELLE. Votre héritier, à qui vous avez caché votre mariage?

DESJOBERT, *lui faisant signe de parler plus bas.* Lui-même!..... Il a intention de partir demain matin, et je tâcherai qu'il s'en aille aujourd'hui...

Mme DE BRÉTONVILLE. Vous avez raison... votre neveu est galant, sans doute... et, s'il restait ici... il y aurait à craindre...

DESJOBERT. Il y a tout à craindre... ainsi, croyez-moi, ne vous montrez pas... gardez votre appartement jusqu'à ce soir... ça n'est pas bien long...

Mme DE BRÉTONVILLE. C'est mon avis...

ESTELLE. Ah! quel dommage!... ce château est si désert... on y voit si peu de figures humaines...

Mme DE BRÉTONVILLE. Ma nièce!..

ESTELLE. Je ne dis pas ça pour vous, ma tante...

DIANA. Ne l'écoutez pas, mon ami... nous ferons ce que vous voudrez... moi d'abord, j'y suis aussi intéressée que vous... Votre neveu ne me verrait pas avec plaisir... il me regarderait peut-être comme une ennemie... et j'aime beaucoup mieux éviter sa présence... d'ailleurs il suffira que vous le désiriez, que cela vous convienne...

DESJOBERT. Comme tu es bonne... comme tu es aimable... dire qu'elle est de retour... qu'elle est là, près de moi... et il faut que ce diable d'Ernest!..

ESTELLE. Ernest!

DIANA. Ernest!

DESJOBERT. Oui..... c'est son nom..... ainsi vous me promettez le secret toutes les trois...

ESTELLE, *à part.* Je serais pourtant bien curieuse...

DESJOBERT. Pardon, Diana, de me séparer de toi... vous feriez peut-être mieux de vous enfermer dans le pavillon du jardin... c'est plus éloigné... plus solitaire...

DIANA. Oui, mon ami... comme vous voudrez...

DESJOBERT. Passez par votre appartement de peur qu'on vous aperçoive...

ENSEMBLE.

AIR : *A ce soir, douce espérance* (Etre aimé ou mourir.)

A ce soir... de la prudence!
En vous je mets ma confiance...
Mais combien l'impatience
Ici va doubler ma souffrance.
J'ai du moins, pour aider mon courage...
Dans ce nouveau veuvage,
L'espoir,
De vous revoir.
A ce soir, etc., etc.

DIANA, Mme DE BRÉTONVILLE.

A ce soir... de la prudence,
En nous, ayez bien confiance...
Après une telle absence,
Croyez à notre impatience...
Mais il faut, prolongeant le veuvage,
Attendre avec courage..
L'instant
De nous revoir!
A ce soir, etc., etc.

ESTELLE, *à part.*

A ce soir!.. sur ma prudence
A tort ils comptent, je pense...
Après une telle absence,
Vraiment je meurs d'impatience...
Mais je puis, pour peu qu'on m'encourage,
Sans leur donner d'ombrage,
Sortir
Avant ce soir.
A ce soir, etc., etc.

(*Les trois femmes sortent par la gauche.*)

SCENE VII.

DESJOBERT, *ensuite* ERNEST.

DESJOBERT, *à la porte à gauche, et suivant sa femme des yeux.* Dieu! quel dommage!.. elle n'a jamais été si douce avec moi... adieu! adieu!..

(Il lui envoie des baisers.)

ERNEST, *entrant par la droite.* Parbleu, mon oncle!...

DESJOBERT, *fermant vivement la porte.* Hein?... qu'est-ce que c'est?

ERNEST. Je dis, mon oncle, que votre cuisine est en progrès... elle a suivi le mouvement... et j'aime assez le mouvement dans la cuisine...

DESJOBERT, *à part.* Il m'a fait une frayeur!..

ERNEST. A présent, mon oncle... je suis prêt à parcourir vos domaines... montrez-moi les changemens, les embellissemens... je vois, dans vos yeux, que vous en grillez d'envie.... et moi-même je suis curieux de connaître...

DESJOBERT, *à part.* Comment le décider à partir sur-le-champ?

ERNEST. Nous commencerons par votre jardin... si vous voulez... il me semble y avoir aperçu un nouveau pavillon...

DESJOBERT, *à part.* Il a un instinct pour me tourmenter!.. (*Haut.*) Mon ami... ce serait bien volontiers... mais je suis tellement préoccupé...

ERNEST. Quelque chose qui vous contrarie?..

DESJOBERT. Précisément... et je ne sais comment t'apprendre...

ERNEST. Une nouvelle désagréable?

DESJOBERT Très-désagréable! (*A part.*) Bon!... m'y voilà... (*Haut.*) Une lettre de Paris, que je reçois à l'instant... on me prévient qu'un banquier, chez lequel j'ai placé cent mille écus, est sur le point de manquer...

ERNEST. Diable!.. c'est fâcheux!..

DESJOBERT. L'essentiel est de ne pas perdre une minute... Tu sens que le moindre retard... et j'avais pensé qu'il te serait peut-être indifférent...

ERNEST. De partir aujourd'hui... en pareille circonstance, on n'y regarde pas de si près... je suis à vos ordres.

DESJOBERT. Tu y consens!.. je n'attendais pas moins de ton amitié... je vais bien vite écrire un mot et te chercher les papiers nécessaires... tu t'entendras avec mon correspondant.

ERNEST. Dès que vous aurez fini je prends la poste.

DESJOBERT. Ce cher Ernest... cet excellent neveu... (*A part.*) M'en voilà débarrassé.... (*Haut.*) Reste là.... je reviens à l'instant...

(Dans ce moment Julien traverse le théâtre, il entre par le fond et sort par la gauche, portant un carton à chapeau, un châle et une ombrelle.)

ERNEST. Mon oncle!..

DESJOBERT. Hein?..

ERNEST. Qu'est-ce que je vois donc là?.. votre domestique qui porte un châle.. une ombrelle...

DESJOBERT, *à part.* Que ce Julien est maladroit!..

JULIEN. Vous m'appelez, monsieur?

DESJOBERT. Non, non, allez-vous-en...

ERNEST. Vous ne me disiez pas que vous aviez des dames chez vous.

DESJOBERT. Des dames!... oui, oui... je n'y songeais plus... c'est une étrangère... une dame d'un château voisin... elle part pour Marseille.

ERNEST. Ah!.. elle part pour Marseille? il paraît que tout le monde voyage, ici?..

DESJOBERT. Et... comme la diligence passe devant ma porte... je l'ai engagée à venir l'attendre...

ERNEST. C'est plus commode!.. cette dame est jeune?..

DESJOBERT. Ah! bien oui!.. un âge vénérable... Je parie que tu t'imaginais déjà.. oh! va, sois tranquille... si jamais il m'arrivait... Adieu!... je suis à toi dans dix minutes.

(Il sort par le fond.)

SCENE VIII.

ERNEST, *seul.*

Mon oncle! mon oncle!.. tout cela n'est pas clair... on dirait qu'il est pressé de m'éloigner de chez lui..... Ce matin il ne m'a pas trop engagé à rester..... et tout-à-l'heure, ce banquier qui vient à manquer si à propos... il y a ici quelque mystère... j'avais déjà des soupçons... ce vieux château remis à neuf... mon oncle, qui ne prend plus de tabac... et puis, ce luxe. . ces meubles élégans... Eh! mais... je n'avais pas encore remarqué celui-là... un bonheur du jour... ça ne peut appartenir... (*Il ouvre le meuble.*) Justement... des aiguilles, de la broderie!.. mon oncle est un vieux farceur... à la place de Gertrude, il aura substitué une gouvernante égrillarde et coquette... une servante maîtresse... fléau des vieux garçons!.. pauvre oncle, va!..

AIR : *Un homme pour faire, etc.*

Je lui passe, quoique à regrets,
Une gouvernante gentille...
Mais que sa compagne jamais
N'entre du moins dans la famille...
Oh! non... il a trop de vertu!..
Je lui permets, si ça le tente...
De prendre une femme, pourvu...
Que ce ne soit pas une tante...

Mais où se cache-t-elle?.... est-ce qu'il serait jaloux de moi?.. par exemple, j'en rirais de bon cœur...

SCENE IX.

ERNEST, ESTELLE.

ESTELLE, *entrant doucement par le fond.* Je n'ai pu y résister... il faut que je voie ce neveu, qui fait peur à tout le monde...

ERNEST. Parbleu!.. je saurai bien la trouver... je vais fouiller tout le château.

(Il va pour sortir.)

ESTELLE, *le voyant en face.* Ah!

ERNEST. Que vois-je?

ESTELLE. Quoi! c'est vous, monsieur?

ERNEST. Vous ici, mademoiselle! vous connaissez donc mon oncle Desjobert?

ESTELLE. Votre oncle!... vous êtes le neveu?

ERNEST. Quel heureux hasard!.. j'ai tant de questions à vous faire!... Et d'abord, cette jeune demoiselle qui était aux eaux avec vous!.. votre cousine, je crois... où est-elle? ici, sans doute... elle ne vous a pas quittée?..

ESTELLE. Mais si fait, vous le savez bien... ne vous a-t-elle pas dit qu'elle retournait à Paris?..

ERNEST. Il est vrai... c'est tout ce qu'elle a voulu me dire.... Mais, vous mademoiselle... d'où connaissez-vous donc mon oncle?.. seriez-vous une parente?.. vous n'êtes pas seule au château... y êtes-vous pour long-temps?

ESTELLE. Non, monsieur... non... par hasard... en passant.

ERNEST. Vous partez peut-être pour Marseille?

ESTELLE. Monsieur... souffrez que je me retire... si on me voyait avec vpus ..

ERNEST. Qu'est-ce que cela signifie?... encore du mystère...

SCENE X.

LES MÊMES, BARDOLIN.

BARDOLIN, *entrant par le fond.* Ah!... mademoiselle, vous pouvez m'annoncer... je suis accouru le plus vite possible... M. Desjobert m'a tant recommandé de venir voir sa femme...

ERNEST. Sa femme!!

BARDOLIN. Sans doute!

ESTELLE, *à part.* Allons prévenir ma tante!..

(Elle s'esquive par le fond.)

ERNEST. Mon oncle est marié?..

BARDOLIN, *à part.* Dieu!... c'est le neveu... j'ai fait une imprudence!

ERNEST. C'est affreux!.. c'est indigne!.. se marier, et me cacher son mariage... je ne l'aurais jamais cru capable de tant de fausseté.

BARDOLIN, *à part.* Tâchons de le calmer... (*Haut.*) Permettez, jeune homme, il n'y a peut-etre pas autant de mal que vous croyez...

ERNEST. Mais enfin, comment s'est fait ce mariage?.. depuis quand?.. avec qui?.. vous devez le savoir, vous monsieur, qui paraissez son ami...

BARDOLIN. Monsieur... je suis son médecin...

ERNEST. Ce n'est pas la même chose..... mais n'importe... qui a pu l'engager à faire une pareille sottise? ce n'est pas de lui-même... on aura profité de sa faiblesse.

BARDOLIN. Monsieur, j'ai pour principe de ne pas me mêler des affaires de famille... mes malades réclament tous mes instans... ainsi, veuillez m'excuser...

ERNEST. De grâce! répondez-moi !... quelle est cette femme ?... est-elle au château?.. pourrai-je du moins la voir?

BARDOLIN. Monsieur... je vous répète... mais tenez... voici une dame qui est à même de vous en dire là-dessus beaucoup plus que moi.

ERNEST. Une dame?..

(Mme de Brétonville paraît au fond.)

BARDOLIN. Ma foi, qu'elle s'en tire comme elle pourra...

(Il sort par la gauche.)

SCÈNE XI.

ERNEST, Mme DE BRÉTONVILLE.

ERNEST, *à part.* Est-ce que ce serait, par hasard?.. au fait, ça en a bien l'air!..

Mme DE BRÉTONVILLE, *à part.* Il doit être furieux !.. mais je saurai lui faire entendre raison.

ERNEST. Madame... je viens d'apprendre à l'instant...

Mme DE BRÉTONVILLE. Que votre oncle est marié!.. Oui, monsieur, et il a eu tort de vous faire un secret de cette union... ce n'était pas mon avis et s'il eût suivi mes conseils... vous en seriez instruit depuis long-temps.

ERNEST, *à part.* J'en étais sûr!.. c'est ma tante... allons... comme dit le docteur... il n'y a pas tant de mal que je croyais.

Mme DE BRÉTONVILLE. Votre oncle vous aime beaucoup, monsieur... et j'espère que vous ne chercherez, ni par vos discours, ni par votre conduite... à troubler le bonheur d'un parent qui vous a comblé de bienfaits.

ERNEST. J'en conviens, madame...

Mme DE BRÉTONVILLE. S'il en était autrement... j'y mettrais bon ordre... je vous en avertis.

ERNEST, *à part.* Elle paraît fort aimable, ma tante !... (*Haut.*) Je vous avoue, madame... que, dans le premier moment... je n'ai pas été maître... et c'était assez naturel, j'ignorais encore que ce mariage fût aussi bien assorti.. sous tous les rapports.

Mme DE BRÉTONVILLE, *à part.* Que veut-il dire?

ERNEST. Je ne puis qu'approuver mon oncle... d'avoir choisi une épouse dont les qualités, mûries par l'âge et l'expérience...

Mme DE BRÉTONVILLE, *à part.* Est-ce une plaisanterie?

ERNEST. Et de mon côté... j'espère que vous ne chercherez pas à changer les sentimens de mon oncle à mon égard... j'ose même me flatter que vous les partagerez.

Mme DE BRÉTONVILLE, *à part.* Comment! il s'imagine!

ERNEST.

AIR : *Qu'il est flatteur, etc.*

Je veux employer à vous plaire
Tous mes efforts, et désormais
Pour moi vous serez une mère,
Je le jure ici sans regrets.
Malgré cet hymen qui m'étonne,
Mes craintes vont se dissiper.
Auprès d'une tante aussi bonne...

Mme DE BRÉTONVILLE, *à part.*

Je n'ose pas le détromper...
Ah! si j'osais le détromper!

ERNEST, *à part.* Pauvre malheureux oncle... il faut qu'il soit abandonné du ciel!

SCENE XII.

LES MÊMES, DESJOBERT.

DESJOBERT, *accourant.* Tiens, Ernest! voici la lettre et les papiers. (*S'arrêtant.*) Dieu! la belle-mère.

ERNEST, *lui tendant la main d'un air attendri.* Touchez là, mon oncle, touchez là.

DESJOBERT, *étonné.* Volontiers, mon ami... tu me dis ça d'un ton..?

ERNEST, *le tirant à l'écart.* J'ai appris tout-à-l'heure l'accident qui vous est arrivé.

DESJOBERT, *plus bas.* Un accident?

ERNEST. Chut!

Mme DE BRÉTONVILLE, *à part.* Pourvu qu'il n'aille pas démentir...

ERNEST. Dites-moi si vous êtes heureux; j'ai besoin de savoir si vous êtes heureux.

DESJOBERT. Parbleu! cette question!.. tu me connais, je ne prends pas de chagrin... et quand on est libre, quand on est...

ERNEST. Quand on est marié...

DESJOBERT, *effrayé.* Hein! qu'est-ce que tu dis?

ERNEST. Je sais tout, mon oncle.

DESJOBERT, *à part.* Grand Dieu! exécrable belle-mère!

ERNEST. Ne craignez pas mes reproches, parce qu'enfin ce mariage est assez convenable... à la rigueur...

DESJOBERT. N'est-ce pas, il me semble qu'à la rigueur... il y a pourtant de mes amis qui blâmaient la disproportion d'âge.

ERNEST. Ils avaient raison... je vous trouve un peu jeune pour elle...

DESJOBERT. Tu plaisantes?

Mme DE BRÉTONVILLE, *à part.* Que peuvent-ils se dire?

ERNEST. A moins, cependant, que vous ne l'ayez connue autrefois...

DESJOBERT. Autrefois ?..

ERNEST. C'est peut-être un amour d'enfance?

DESJOBERT, *à part.* Si je comprends la moindre chose...

ERNEST. Elle a dû être fort jolie dans son temps... et quand on l'examine...

DESJOBERT. Hein? où ça?

(Il regarde partout.)

ERNEST. Tenez, de profil. (*Il lui indique Mme de Brétonville.*) Elle a encore des traits dans la physionomie...

DESJOBERT. Oui, oui, elle a encore... (*A part.*) Je commence à me douter...

ERNEST. Allons, j'en suis sûr, c'est une ancienne passion... Mais parlez-lui donc, ça a l'air drôle de causer sans elle.

DESJOBERT. C'est juste... (*A Mme de Brétonville.*) Ma belle, ma belle amie... il paraît que vous... que tu as informé mon neveu...

Mme DE BRÉTONVILLE. Le hasard a tout fait... et je n'ai pas cru devoir nier...

DESJOBERT, *à part.* Quelle excellente ruse! (*Haut.*) Va, tu ne sais pas combien je suis heureux, et si tu connaissais ta tante, c'est un amour, c'est un ange.

(Il baise la main de Mme de Brétonville.)

ERNEST, *à part.* Il vaut mieux qu'il la voie comme ça.

DESJOBERT. Quant à toi, mon ami, ce mariage ne doit pas t'épouvanter beaucoup... l'âge de ma femme est bien rassurant.

Mme DE BRÉTONVILLE. Monsieur...

DESJOBERT, *à Mme de Brétonville.* Laissez donc... c'est pour l'achever.

ERNEST, *à part.* Il n'est pas galant, mon oncle.

DESJOBERT. Pour mon compte, tu peux être bien tranquille... tu n'as pas à craindre... que d'autres héritiers.

Mme DE BRÉTONVILLE. Assez, monsieur, assez.

ERNEST. Assez, mon oncle, assez.

SCENE XIII.

LES MÊMES, BARDOLIN.

BARDOLIN, *à part.* Les voilà ensemble... ils ont eu le temps de s'expliquer.

DESJOBERT, *à part.* Le docteur... il vient toujours mal à propos.

BARDOLIN. Je vous cherchais, monsieur Desjobert, car je dois vous dire que, si j'en crois certains indices, madame votre épouse n'est pas très-bien.

DESJOBERT, *à part.* Ah! mon Dieu!

BARDOLIN. Je ne peux pas encore définir ce qu'elle a... mais elle a quelque chose...

Mme DE BRÉTONVILLE. Vous êtes fou, docteur; est-ce qu'il est possible... au premier coup-d'œil, je ne me suis jamais si bien portée.

BARDOLIN. Vous, madame?

DESJOBERT. Sans doute, il suffit de la voir... ce teint, cette fraîcheur..

BARDOLIN. Ah ça! permettez donc...

Mme DE BRÉTONVILLE, *bas à Bardolin.* Taisez-vous, docteur!

BARDOLIN, *à part.* Ah! c'est différent; il paraît que j'ai encore fait une imprudence.

DESJOBERT. Le docteur voulait nous effrayer. (*A part.*) Pauvre Diana! et je ne suis pas auprès d'elle!

BARDOLIN. En tout cas je reverrai Mme Desjobert; j'ai besoin d'étudier les symptômes...

DESJOBERT. C'est ça; venez dîner avec nous... vous verrez... elle a un appétit... et toi, mon neveu, tu peux partir, retourner à Paris, sans avoir la moindre inquiétude sur ta tante.

ERNEST. Partir?.. vous y tenez donc toujours?..

DESJOBERT. Tu sais bien... mon banquier... mes deux cent mille francs ..

ERNEST. Vous m'aviez dit cent mille écus...

DESJOBERT. Est-ce cent mille écus?.. raison de plus pour se hâter... voici la lettre et les papiers!

ERNEST, *les prenant.* Ça suffit, mon oncle... (*A part.*) C'est égal, j'ai encore des soupçons... cette jeune personne, dont on ne me parle pas...

DESJOBERT, *à Ernest.* Tu trouveras ton porte-manteau dans la chambre que tu occupes ordinairement.

ERNEST. Merci, mon oncle...

ENSEMBLE.

AIR : *Ici nous accourons* (Homœopathie.)

A l'instant je suis prêt,
Je soupçonne encore un mystère...
En vain l'on est discret,
Je veux éclaircir cette affaire.

DESJOBERT.

Bientôt tout sera prêt...
Il ne saura pas le mystère.

Il faut être discret,
Tous les deux sachez bien vous taire.

BARDOLIN *et* Mme DE BRÉTONVILLE.
A partir il est prêt,
Il ne connaît pas le mystère...
Il faut être discret,
Soyons prudens, sachons nous taire.

Mme DE BRÉTONVILLE, *bas à Bardolin.*
Docteur, venez, à l'instant
Je vais vous mettre au courant...

BARDOLIN.
Entre nous vous ferez bien,
Car, vrai, je n'y comprends rien.

DESJOBERT, *à Ernest.*
Nous quitter sitôt,
C'est bien pénible quand j'y pense...

ERNEST.
Cher oncle, il le faut...
(*A part.*)
Il croit me tromper, mais silence!

REPRISE DE L'ENSEMBLE.

(*Mme de Brétonville et le docteur sortent par le fond. Ernest par la droite.*)

SCENE XIV.

DESJOBERT, *ensuite* DIANA.

DESJOBERT. Me voilà encore sauvé une fois!.. mais cette pauvre Diana... elle m'attend sans doute... si j'osais pendant que mon neveu est dans sa chambre... c'est bien audacieux!.. n'importe!.. il faut tout braver.

(Il s'approche de la porte à gauche.)

DIANA, *entrant avec précaution.* Vous êtes seul, monsieur?..

DESJOBERT. C'est toi, chère amie... comment tu te risques jusqu'ici pour me voir?..

DIANA. J'avais à vous parler... Êtes-vous sûr qu'on ne puisse nous surprendre?..

DESJOBERT. Mon neveu est dans sa chambre, il fait ses préparatifs de départ...

DIANA. Il va partir?.. ah! tant mieux!..

DESJOBERT. Tu es bien émue!..

DIANA. Il sait que vous êtes marié!.. Estelle me l'a dit... a-t-il demandé à me voir?

DESJOBERT. Non... tu ne devinerais jamais... la méprise la plus plaisante... il a pris ta mère pour ma femme...

DIANA, *froidement.* Ah!.. vraiment?..

DESJOBERT. C'est drôle, n'est-ce pas?.. pauvre garçon!.. j'ai pourtant des remords de le tromper comme ça!.. mais je le dédommagerai quand il se mariera... ce qui ne peut tarder...

DIANA. Quoi! vous penseriez?

DESJOBERT. Oui... il m'a fait certaines confidences...

DIANA, *vivement.* Lesquelles? parlez! ne puis-je savoir?

DESJOBERT. Oh! rien de bien positif... une jeune personne qu'il adore, et qu'il espère rejoindre à Paris... Mais qu'as-tu donc? tu ne dis rien; je croyais qu'ici ta gaîté reviendrait.

DIANA. Vous le savez... ma santé... le docteur a dû vous dire...

DESJOBERT. Le docteur peut se tromper; moi, je te trouve mieux qu'avant ton voyage... ta figure a pris une expression...

DIANA. Pardon, mon ami... mais si votre neveu...

DESJOBERT. Ne vas-tu pas en avoir plus peur que moi?

DIANA. Je vous avoue que tant qu'il n'aura pas quitté le château...

DESJOBERT. Ne crains rien... pour un moment que je me trouve seul avec toi.

(Lui indiquant le canapé.)

AIR *de la Marraine.*

Auprès de moi viens donc t'asseoir.

DIANA.
Non, non, monsieur, de la prudence!..

DESJOBERT.
Mon neveu ne saurait nous voir...
Sommes-nous sous sa surveillance?..
Je veux de ce nouvel Argus
Braver la présence maudite;
Oui, mon cœur bat... et ce n'est plus
La crainte qui l'agite.

SCENE XV.

LES MÊMES, ESTELLE.

ESTELLE, *accourant par le fond.* Mon cousin!... monsieur Desjobert.

DESJOBERT, *à part.* La cousine à présent... Au diable la parenté!

ESTELLE. Diana ici?

DESJOBERT. Voyons, mademoiselle... qu'est-ce que vous voulez? qu'est-ce qui vous amène?

ESTELLE. C'est votre neveu; je passais dans le jardin... il m'a aperçue de sa fenêtre.

DESJOBERT. Imprudente! pourquoi sortir? puisque vous m'aviez promis... je cours bien vite... encore une histoire à trouver.

ESTELLE. Pourvu qu'il ne m'ait pas suivie.

DESJOBERT. Rentrez toutes deux au pavillon et n'en sortez plus.

ESTELLE. N'allez pas nous y laisser jusqu'à demain.

DESJOBERT. Je vous préviendrai dès qu'il sera parti, et tenez, pour ne pas courir si loin, cette sonnette vous avertira... Maudit neveu, je ne le quitte plus qu'il ne soit en voiture.

AIR : *Je saurai bien te faire marcher droit.*

Ne sortez pas, c'est le point capital...
J'irai bientôt vous délivrer, peut-être...
Mais, en tout cas, attendez, pour paraître,
Que la sonnette ait donné le signal.

ESTELLE.

Oui, nous allons nous remettre au secret.

DESJOBERT.

Pour un neveu, Dieu ! que de peines...
Ah ! j'ai vraiment l'air d'un mauvais sujet,
Qui cherche à cacher ses fredaines...

ENSEMBLE.

Ne sortez pas, etc.

ESTELLE *et* DIANA.

Dépêchez-vous, c'est le point capital...
Car il saurait nous découvrir peut-être,
Nous attendrons cependant, pour paraître,
Que la sonnette ait donné le signal.

(*Desjobert sort par le fond.*)

SCENE XVI.

DIANA, ESTELLE.

DIANA. Estelle, ne restons pas ici.

ESTELLE. Nous ne risquons rien... son oncle saura bien le retenir.

DIANA. Tu as eu tort de te montrer.

ESTELLE. C'est que je m'ennuie d'être en prison toute la journée... et puis, pourquoi renvoyer ce jeune homme ?..

DIANA. Puisque ça fait plaisir à mon mari !

ESTELLE. Lui as-tu dit que nous l'avions connu aux eaux ?..

DIANA. Non !.. et tu m'obligeras de n'en parler à personne... me le prometstu ?

ESTELLE. Pourquoi ?.. au contraire... ça pourrait peut-être le faire rester... et moi j'en serais bien aise... parce que, s'il faut te le dire... c'est un des deux qui m'auraient convenu...

DIANA. Ah ! tu l'aimerais ?..

ESTELLE. Ah oui ! je l'aimerais bien.... et lui-même, il m'a semblé voir dans ses yeux... enfin, quand nous dansions ensemble...

AIR *de Notre-Dame du Mont-Carmel.*

Il n'allait jamais en mesure,
Il faisait même des faux-pas...
Il embrouillait chaque figure,
Et vraiment j'en riais tout bas !
Quand il troublait la contredanse,
Je me disais : Ça m'est égal...
C'est un bon signe... il faut je pense,
Bien aimer pour danser si mal.

DIANA. Tu t'abuses peut-être.

ESTELLE. Oh ! je sais bien qu'il te fait aussi un peu la cour... il dansait avec toi... parce que tu es ma cousine.... mais qu'il reste, qu'il s'en aille... ça t'est bien égal, à toi... qui es mariée... tandis que moi... s'il habitait quelque temps avec nous... Dam !.. on a vu des choses plus extraordinaires. .

DIANA. Je t'en prie, Estelle.... éloigne ces idées-là...

ESTELLE. Pourquoi donc ?..

DIANA. Parce que tu t'en occuperais inutilement .. ce jeune homme ne saurait te convenir.

ESTELLE. Je t'ai déjà dit qu'il me convenait.

DIANA. Songe qu'il va partir... dans une heure il sera loin de ce château... et il est probable que jamais...

ESTELLE, *apercevant Ernest.* Dieu !.. c'est lui !..

DIANA, *jetant un cri.* Ah !..

SCENE XVII.

LES MÊMES, ERNEST.

ERNEST, *à Diana.* Qu'ai-je vu ?.. Vous, dans ce château !... ah !... vous m'avez trompé toutes les deux.

ESTELLE. Où est donc M. Desjobert ?

ERNEST. Ne craignez rien... je l'ai enfermé dans ma chambre.... et à double tour...

ESTELLE, *riant.* Ah ! ah ! ah !.. le voilà aussi en prison...

DIANA. Viens, Estelle, suis-moi... rentrons sur-le-champ...

ERNEST, *l'arrêtant.* Non, vous ne m'échapperez pas une seconde fois... ne l'espérez plus... Je vous croyais à Paris... et c'est ici que je vous rencontre... Pourquoi ce mystère ? quel intérêt aviez-vous ?.. il faut m'expliquer cette conduite...

DIANA. Quoi, monsieur, vous prétendez ?..

ERNEST. Oui, je le saurai. Je veux le savoir...

ESTELLE. Est-il méchant !.. qu'est-ce que ça lui fait, je vous le demande ?

DIANA. Estelle, je t'en prie... cours délivrer M. Desjobert... je ne dois pas souffrir...

ESTELLE. Vraiment !.. tu as peur qu'il ne s'ennuie ?

ERNEST. Oui, mademoiselle, allez délivrer ce pauvre oncle.... je n'ose pas y aller moi-même... il doit être trop en colère.

ESTELLE. Puisque vous le voulez tous les deux... j'y vais....

ERNEST, *à part*. Ça m'est égal! j'ai pris la clef!..

ESTELLE, *à part*. C'est singulier!.. on dirait que je suis de trop!.. (*Haut.*) j'y vais!.. j'y vais!..

(Elle sort par le fond,)

SCENE XVIII.

ERNEST, DIANA.

ERNEST. Nous sommes seuls!.. Maintenant vous allez me répondre... vous allez m'apprendre...

DIANA. Et si cela m'était impossible... De grâce, monsieur.... n'insistez pas... pour moi, pour mon repos, ne m'interrogez pas... n'interrogez personne.... et ne cherchez jamais à me revoir...

ERNEST. Ne plus vous voir!.. et pourquoi l'exiger?.. vous doutez donc de ma tendresse... de mon attachement... rassurez-vous.... vos parens connaissent sans doute mon oncle, et quand je lui aurai tout avoué...quand il saura notre amour...

DIANA, *vivement*. Ah! monsieur... vous voulez donc me perdre!..

ERNEST. Vous perdre?

DIANA. Gardez-vous de lui en parler... lui qui vous aime tant... qui a tant d'affection pour moi...

ERNEST. Pour vous?.. et comment?.. à quel titre?

DIANA. Qu'importe!.. mon sort dépend de lui... et il est si bon, si généreux... oh! non!.. qu'il n'apprenne jamais.... je n'y survivrais pas...

ERNEST. Qu'entends-je? quels sont donc les liens qui existent entre vous?..

DIANA. Ne le demandez pas... craignez plutôt de les connaître... Ernest, je vous en conjure... s'il vous reste un peu d'amitié pour moi... partez sur-le-champ..... je ne dois plus vous revoir... que ce soit la dernière fois.

ERNEST. La dernière fois!..

DIANA. Oui, il le faut... Adieu! adieu!..

(Elle sort précipitamment par la gauche.)

SCENE XIX.

ERNEST, *seul*.

Elle me fuit... Que dois-je penser?.. elle dépend de mon oncle... il existe entre eux des liens!.. Ah! mon Dieu!.. cette tendresse qu'elle a pour lui... cette crainte de l'affliger... Plus de doute!.. c'est sa fille!..

SCENE XX.

ERNEST, BARDOLIN, *entrant par le fond, ayant l'air de chercher quelqu'un.*

BARDOLIN. Dieu!.. le neveu... allons-nous-en...

ERNEST, *qui l'a vu*, *le retenant*. Restez donc, monsieur le docteur... c'est le ciel qui vous amène.

BARDOLIN. Non, monsieur, c'est l'heure du dîner... Mais où est donc M. Desjobert?.. je le cherche partout...

ERNEST. Docteur... vous êtes lié avec lui depuis long-temps?..

BARDOLIN. Depuis plus de dix ans, monsieur!..

ERNEST. C'est cela! je ne saurais mieux m'adresser... et j'espère que vous ne me refuserez pas vos bons offices...

BARDOLIN. Vous êtes malade... c'est le changement d'air... voyons le poulx.

ERNEST. Non, docteur... plus tard... ça pourra venir... il ne faut pas vous décourager... mais, pour l'instant... c'est un service que je vous prierais de me rendre auprès de mon oncle...

BARDOLIN. Monsieur... j'ai pour principe de ne pas me mêler...

ERNEST. Vous me l'avez déjà dit... mais il s'agit d'une affaire si simple, si légitime... Je sais tout, monsieur!.. je sais pourquoi mon oncle s'est marié... et moi, qui le blâmais, je l'approuve maintenant. Il a eu raison de réparer ses torts... mais il n'en est pas moins coupable envers moi... et je ne connais qu'un seul moyen de m'indemniser...

BARDOLIN. Lequel, monsieur?

ERNEST. C'est de me donner sa fille...

BARDOLIN. Plaît-il?... je n'ai pas bien entendu...

ERNEST. C'est bon, docteur... vous êtes du complot, et je ne prétends obtenir de vous aucun aveu... Tout ce que je désire, c'est que vous consentiez à demander, pour moi, à mon oncle la main de sa fille?..

BARDOLIN. Sa fille!.. quelle fille?

ERNEST. Est-ce qu'il en aurait plusieurs?

BARDOLIN. Il en a plusieurs?.. En vérité je ne sais où j'en suis...

ERNEST. Si je ne fais pas cette démarche moi-même... c'est qu'il faudrait rappeler à mon oncle une faute... une faiblesse... d'autrefois... et je ne veux pas qu'il ait à rougir devant son neveu... tandis que avec vous... son ancien ami...

BARDOLIN. Comment, vous êtes donc bien certain?... (*A part.*) Au fait, ça n'est pas impossible.

ERNEST. Faites-lui sentir que ce mariage arrange tout!.. concilie tout!.. ses devoirs envers sa fille et les promesses qu'il m'a renouvelées tant de fois...

BARDOLIN. Vous vous fixeriez sans doute dans nos environs?

ERNEST. J'y avais déjà songé...

BARDOLIN, *à part.* Ça me ferait un ménage de plus.

ERNEST. Chargez-vous seulement de la demande... et ensuite je saurai bien déterminer tout le monde.

BARDOLIN. Dieu! que va dire Mme Desjobert?

DESJOBERT, *en dehors.* Infernal neveu!. je ne lui pardonnerai de ma vie...

ERNEST. Je l'entends qui jure contre moi... quelqu'un l'aura délivré... je vous laisse avec lui.

BARDOLIN. Un moment donc...

ERNEST. Je me sauve!..

(Il s'enfuit par la droite.)

SCENE XXI.

BARDOLIN, DESJOBERT Mme DE BRÉTONVILLE.

BARDOLIN. Ce jeune homme est d'une vivacité.... et moi qui ne savais rien... on a manqué de confiance...

DESJOBERT, *entrant par la gauche, suivi de Mme de Brétonville* Où est-il?.. où est-il?.. il n'est pas ici?..

Mme DE BRÉTONVILLE. Enfermer son oncle!... heureusement j'avais une autre clef.

DESJOBERT. Serait-il déjà parti, sans me laisser le temps de le gronder?.. j'en serais enchanté par exemple...

BARDOLIN. Non... non!... il est ici... il me quitte à l'instant.

DESJOBERT. Ah! il vous quitte... il vous a parlé?..

BARDOLIN. Oui .. et même il m'a chargé, auprès de vous, d'une commission fort délicate.

DESJOBERT. Une commission... encore du nouveau?..

BARDOLIN. Mais je ne sais si je dois, devant madame?..

Mme DE BRÉTONVILLE. Comment!.. du mystère entre lui et son oncle... il ne manquait plus que cela...

DESJOBERT. Calmez-vous, belle maman... et vous, docteur, n'allez-vous pas faire le discret?

BARDOLIN. Dans le fait... je vous crois trop honnête homme pour avoir caché, en vous mariant, une circonstance aussi grave...

DESJOBERT. Aussi grave!... est-ce encore pour m'effrayer?..

Mme DE BRÉTONVILLE. Expliquez-vous, docteur...

BARDOLIN. Eh bien! en deux mots... monsieur votre neveu m'a prié de vous demander, pour lui, la main de mademoiselle votre fille...

Mme DE BRÉTONVILLE. Sa fille!... ah! voilà ce que je craignais.

DESJOBERT. Ma fille?.. qu'est-ce qu'il entend... par ma fille?..

Mme DE BRÉTONVILLE. Miséricorde!... une fille naturelle!.. ah! c'est affreux!... c'est infâme!.. quel avenir pour mon enfant...

DESJOBERT. Ah ça! docteur... qu'est-ce que vous venez me chanter?..

BARDOLIN. Comment, madame... vous n'étiez pas instruite?..

Mme DE BRÉTONVILLE. Non, docteur... il m'a trompée... il a trompé ma fille... c'est le comble de l'indignité!..

BARDOLIN. Ah!.. monsieur Desjobert... monsieur Desjobert...

DESJOBERT. Et vous aussi, Bardolin?... ah ça! c'est donc l'enfer qui est déchaîné?

BARDOLIN. Croyez, madame, que je n'étais pas dans la confidence; sans cela... je n'aurais pas prêté les mains...

Mme DE BRÉTONVILLE. Pauvre Diana!.. malheureuse victime.

DESJOBERT, *passant.* Malheureuse!

Mme DE BRÉTONVILLE. Depuis longtemps je me doutais de ce que vous êtes; mais je ne serai pas votre dupe... il y a des lois, il y a des tribunaux.

DESJOBERT. Ah ça! belle-maman.

Mme DE BRÉTONVILLE. Taisez-vous, suborneur.

DESJOBERT. Savez-vous que je finirai par perdre patience?

BARDOLIN. Monsieur Desjobert... une pareille conduite... c'est hideux.

DESJOBERT. Allez au diable, docteur.

Mme DE BRÉTONVILLE. Vous êtes un vieux libertin.

DESJOBERT. Et vous, une vieille folle.

Mme DE BRÉTONVILLE. Docteur, à mon secours... je vais avoir des attaques de nerfs.

ENSEMBLE.

AIR : *Rien ne m'intimide* (Avis aux coquettes).

C'est abominable !
C'est épouvantable !
Quel sort déplorable !
Ainsi m'outrager !
Mais dans ma colère
Je saurai, j'espère,
D'un affreux mystère
Bientôt me venger.

DESJOBERT.

Je me donne au diable !
Quel sort déplorable !
C'est abominable !
Ainsi m'outrager !
De cette mégère
L'affreux caractère
Doit-il donc me faire
Toujours enrager !

BARDOLIN.

C'est abominable !
C'est épouvantable !
Quel sort déplorable !
Ainsi l'outrager !
Sa juste colère.
Bientôt, je l'espère,
D'un affreux mystère
Saura le venger.

BARDOLIN.

Je vous en prie,
Apaisez-vous !

DESJOBERT.

Quelle furie !

Mme DE BRÉTONVILLE.

Perfide époux !

BARDOLIN.

Allons, de grâce,
Faites la paix...
Que l'on s'embrasse...

Mme DE BRÉTONVILLE.

Non, non, jamais !

REPRISE DE L'ENSEMBLE.

C'est épouvantable, etc.

SCENE XXII.

LES MÊMES, ERNEST.

ERNEST, *entrant au moment où Bardolin va sortir.* Eh bien, docteur?

BARDOLIN. Mon cher monsieur, parlez vous-même.... J'ai pour principe de ne pas me mêler... je vous souhaite bien le bonjour.

(Il sort par la gauche.)

DESJOBERT, *bas à Mme de Brétonville.* Mon neveu ! madame ! devant lui, modérez-vous, je vous en prie.

ERNEST. Mon oncle, est-ce que le docteur ne vous a pas parlé?

DESJOBERT. Si fait, monsieur... avec vos espiègleries, vous êtes cause que je viens d'essuyer une affreuse tempête. C'est vrai, tu vas dire que j'ai une fille à ce bavard de docteur qui vient me la demander en mariage, devant madame, devant cette chère amie qui s'est presque mise en colère.

ERNEST. Peut-être aurais-je dû m'adresser d'abord à madame ?

Mme DE BRÉTONVILLE. A moi, monsieur?

ERNEST. Eh ! sans doute... ne sais-je pas que vous êtes sa mère ?

Mme DE BRÉTONVILLE, *qui ne peut plus se contenir.* Juste ciel ! vous voyez, monsieur, à quoi vous m'exposez.

DESJOBERT. C'est à en devenir fou, ma parole d'honneur.

ERNEST. Peut-être croyez-vous que mon amour n'est qu'un caprice, né d'aujourd'hui seulement; non, mon oncle, cette jeune personne dont je vous parlais ce matin, c'est elle, c'est votre fille que j'ai rencontrée aux eaux de Bagnères.

Mme DE BRÉTONVILLE. Aux eaux de Bagnères ?

DESJOBERT. Ah ! ah ! c'est aux eaux de Bagnères!

ERNEST. Oui, mon oncle... et je ne sais pourquoi elle m'avait dit qu'elle allait à Paris; jugez de ma joie en la retrouvant ici; j'ignorais encore qu'elle fût votre fille, c'est elle qui me l'a fait entendre, malgré la frayeur que lui inspirait mon titre de neveu... car vous lui aviez fait la leçon, j'en suis sûr.

DESJOBERT. C'est vrai, c'est vrai.

Mme DE BRÉTONVILLE, *à part.* Serait-ce ma nièce?

DESJOBERT, *à part.* C'est la petite cousine.

ERNEST. Il paraît que vous aviez donné le mot à tout le monde, même à sa cousine, que j'ai revue également chez vous, et qui est fort gentille; je vous avoue qu'aux eaux j'avais d'abord adressé mes hommages à toutes les deux.

DESJOBERT. Ah ! tu faisais aussi la cour à l'autre.

ERNEST. Mais il n'y en a qu'une que j'aimais réellement... et j'espère qu'à présent rien ne vous empêche de combler mes vœux.

DESJOBERT. Oui, quand tu reviendras... à ton premier voyage.

ERNEST. Non, mon oncle, c'est à l'instant qu'il me faut une réponse.

DESJOBERT. Ma foi, mon ami, demande à ma femme.

Mme DE BRÉTONVILLE. Il me semble qu'avant tout il serait bon de consulter...

ERNEST. Votre fille? c'est assez juste. Pourtant j'aurais préféré... c'est peut-être un enfantillage... mais vous ne vous figurez pas sa terreur, quand je lui ai proposé de demander sa main à mon oncle.

Mme DE BRÉTONVILLE, *à part.* O ciel! me serais-je trompée?

DESJOBERT, *à part.* C'est singulier, je ne vois pas pourquoi Estelle...

ERNEST. Peut-être aussi êtes-vous trop sévère? je vous soupçonne de la tyranniser un peu... et sa conduite aux eaux en est la preuve.

AIR : *L'amour qu'Edmond.*

De l'amour quittant le langage,
Quand parfois, d'un ton plus discret...
Je lui parlais de mariage,
Jamais elle ne répondait...
Ce mot, qui toujours d'une femme...
Fait battre le cœur de plaisir,
Semblait éveiller dans son ame
Un regret plutôt qu'un désir...

Mme DE BRÉTONVILLE, *à part.* Je suis au supplice.

DESJOBERT, *réfléchissant.* En vérité j'ai peine à concevoir...

Mme DE BRÉTONVILLE. Ce que vous venez de dire me décide, monsieur.... je ne puis donner mon consentement.

DESJOBERT, *à part.* Elle refuse!

ERNEST. Songez-y bien, madame, mon bonheur, et le sien peut-être dépendent de vous; car elle m'aime, je ne saurais en douter.

DESJOBERT. Eh quoi! cette jeune personne, tu la voyais tous les jours? tu étais admis chez elle?

ERNEST. Non... elle me fuyait d'abord; elle ne voulait pas me recevoir, et cette rigueur m'irritait contre elle... mais enfin...

DESJOBERT. Enfin?

ERNEST. Un soir... au bal... elle consentit à me suivre au jardin, et là, j'obtins un aveu...

Mme DE BRÉTONVILLE, *à part.* Comment interrompre cet entretien?..

DESJOBERT. Encore un mot... tu ne nous a pas désigné celle des deux cousines...

Mme DE BRÉTONVILLE. Mais, monsieur, en voilà assez... cette conversation vous fatigue, vous paraissez souffrir.

DESJOBERT. Ce n'est rien... laissez-moi.

ERNEST. En effet, mon oncle, vos traits sont altérés.

DESJOBERT. Enfin, tu dois savoir leurs noms... réponds-moi...

Mme DE BRÉTONVILLE. Vous pâlissez... je vais appeler quelqu'un.

(Elle court à la sonnette et la tire fortement.)

DESJOBERT. Arrêtez, madame.... (*A part.*) Il n'est plus temps.... elles vont venir...

ERNEST, *à part.* Comme il est agité...

DESJOBERT. Son nom... son nom... je t'en prie...

ERNEST. Mais, mon oncle... d'où vient ce trouble... cette émotion?

DESJOBERT. Son nom, te dis-je?..

ERNEST. Mon Dieu!.. mon oncle... et tenez... la voilà!..

(En ce moment, Estelle et Diana viennent de paraître au fond.)

SCENE XXIII.

LES MÊMES, ESTELLE, DIANA.

Mme DE BRÉTONVILLE. Approchez, mademoiselle...

ESTELLE. Volontiers... Vous avez à me parler...

DIANA, *à part.* Il est encore là!..

ESTELLE. Comme vous avez l'air sévère!..

Mme DE BRÉTONVILLE. Et nous avons le droit de l'être, mademoiselle... mais il est inutile de rappeler des torts...

DESJOBERT. Si fait... si fait... je tiens à éclaircir...

Mme DE BRÉTONVILLE. De grâce, monsieur...

DESJOBERT. Permettez... j'ai mes raisons... Oui, mademoiselle... répondez... c'est au nom de madame et au mien que je vous interroge... Quelle a été votre conduite pendant votre séjour aux eaux?..

ERNEST, *à part.* Ah ça! mais... il se trompe...

ESTELLE. Ma conduite.... dam!.. j'ai dansé, n'est-ce pas, Diana?

DIANA, *à part.* Je tremble!..

ERNEST. Mais, mon oncle... je dois vous avertir...

Mme DE BRÉTONVILLE. Silence, monsieur... ne la défendez pas.

ESTELLE. Me défendre?.. et de quoi?..

DESJOBERT. Ne vous rappelez-vous pas certain bal... une promenade la nuit... au jardin?..

DIANA, *à part.* O ciel!

ERNEST, *à part, regardant Diana.* Quel soupçon!

ESTELLE. Une promenade... la nuit?.. te souviens-tu de ça, Diana?

DESJOBERT. Point de détours... mademoiselle... mon neveu nous a tout appris!

DIANA, *à part.* Lui!..

ESTELLE. Vous, monsieur Ernest... je n'ose pas vous démentir... mais, à moins que je ne l'aie oublié... Diana aura peut-être plus de mémoire que moi...

DESJOBERT. Eh bien! Diana... puisque

l'on ne peut rien obtenir de votre cousine.. parlez... auriez-vous connaissance..?

Mme DE BRÉTONVILLE, *à part*. C'est à en mourir...

DESJOBERT. Vous ne me répondez pas?..

DIANA. Monsieur!..

ESTELLE. Mais réponds donc à ton mari!..

ERNEST, *stupéfait*. Son mari..!

ESTELLE. Dieu!.. qu'est ce que j'ai dit là!..

Mme DE BRÉTONVILLE, *à part*. Il était temps...

ERNEST, *à part*. Tâchons de réparer... (*Haut*.) Mon oncle, à quoi sert d'interroger madame?.. elle ignore cette aventure, et quand elle la connaîtrait... elle aime trop sa cousine pour l'accuser elle-même.

Mme DE BRÉTONVILLE. Monsieur a raison...

ERNEST, *à Estelle*. Quant à vous, mademoiselle, je ne vous conseille pas de dissimuler plus long-temps... mon oncle vous l'a dit... tout-à-l'heure j'ai eu l'indiscrétion de raconter nos amours...

ESTELLE. Ah bien! par exemple...

ERNEST. Oh!.. c'est impardonnable.... j'en conviens... mais croyez-moi, imitez ma franchise. (*Bas à Estelle.*) Ne me démentez pas et je vous épouse...

ESTELLE. Pas possible...

ERNEST. Oui, ma chère Estelle... c'est en faisant un aveu sincère qu'il nous sera permis d'espérer...

ESTELLE, *à part*. Est-ce un rêve?

DESJOBERT, *qui redevient joyeux*. Il est donc vrai, Estelle... mon neveu t'aimait... vous vous aimiez?..

ERNEST, *bas à Estelle*. Dites oui...

ESTELLE. Dam!.. mon cousin... on ne s'attend à rien... et puis ça vient tout d'un coup...

DIANA, *à part*. Elle en convient!..

DESJOBERT. Et c'est toi, qui, à ce bal, t'es promenée le soir avec lui au jardin?..

ERNEST, *bas*. Du courage!..

ESTELLE. Attendez donc, je crois.... oui, oui... voilà que ça me revient à présent...

DESJOBERT. Voyez-vous la petite sournoise..! elle me soutenait avec une assurance...

ESTELLE. Je vous assure qu'à ma place tout le monde en aurait fait autant....

DESJOBERT. C'est vrai, au fait... et toi, Diana, chère amie!... me pardonneras-tu?..

DIANA. Quoi donc, mon ami?..

DESJOBERT. Rien... rien... (*A part.*) C'est égal, j'aime mieux qu'Estelle soit la femme de mon neveu que la mienne...

Mme DE BRÉTONVILLE, *à part*. Enfin.... je respire...

SCENE XXIV.

LES MÊMES, BARDOLIN.

BARDOLIN Je suis chargé de vous dire que le dîner est servi.

DESJOBERT. Arrivez donc, Bardolin... on fait ici des mariages, et vous n'y êtes pas...

BARDOLIN. Ainsi, vous êtes d'accord... c'est arrangé?..

DESJOBERT. Mon neveu épouse la petite cousine...

BARDOLIN. Bah! je parie que c'est elle qu'il prenait pour votre fille...

DESJOBERT. Ah! mon pauvre Ernest... que de reproches tu as à me faire!..

ERNEST. Mon oncle... croyez-vous que je songe...? je suis trop heureux moi-même...

DESJOBERT. Oui... tu le seras.. et, pour commencer, je vous donne cent mille francs...

ERNEST. Ah! mon oncle...

ESTELLE. Ah! mon oncle!..

DESJOBERT. Et si vous voulez vous établir avec nous... mon château est vaste, et les jardins aussi.... (*A Diana.*) N'est-ce pas, ma chère amie?.. Ils pourront s'y promener... le soir... en tête-à-tête... ça leur rappellera...

ERNEST. Non, mon oncle... je retourne à Paris avec ma femme... j'ai toujours préféré la capitale...

ESTELLE. Oui... nous préférons la capitale...

BARDOLIN, *à part*. Par exemple, si j'avais su cela..... c'est un ménage de moins.

DESJOBERT. Ainsi, mon ami, tu n'as pas de regrets... tu es content?..

ERNEST. Oui, mon oncle... très-content... (*A part.*) C'était ma tante!

BARDOLIN. Puisque tout le monde est content... si nous allions dîner?

CHOEUR FINAL.

AIR : *Final de Théophile.*

Allons gaîment nous mettre à table,
Que tout chagrin soit oublié!
Notre bonheur sera durable,
Avec l'hymen et l'amitié.

DESJOBERT.

AIR : *Vaudeville de partie et revanche.*

Quand mon neveu connaît mon mariage,
Tout mystère ici doit cesser;
A mes amis j'aurai donc l'avantage
De pouvoir enfin l'annoncer,
Et c'est par vous que je veux commencer.
Ma femme est jeune, elle est aimable,
Moi, je suis dans les vieux maris;
D'après cela, ce serait bien le diable
Si vous n'étiez pas, mes amis
En vous, messieurs, j'aime à voir des amis.

FIN.

IMPRIMERIE DE Ve DONDEY-DUPRÉ, RUE SAINT-LOUIS, N° 46, AU MARAIS.

www.ingramcontent.com/pod-product-compliance
Lightning Source LLC
LaVergne TN
LVHW052036160826
845678LV00003B/1376

* 9 7 8 2 3 2 9 6 1 9 6 8 2 *